Hartmut Keil

Noch mehr Gebabbel

*Fortsetzung der
humoristischen Analyse
unseres Dialektes anhand
von Redewendungen und
Sprichwörtern*

illustriert von Heike Hubach

Herausgeber: HaKeHeHu GbR, D-67547 Worms

Worms, im Dezember 2000

© Texte: Hartmut Keil, D-67547 Worms
© Illustrationen: Heike Hubach, D-67549 Worms

Druck: Druckwerk GmbH
           Kaiser-Heinrich-Platz 5a
           D-67547 Worms

ISBN 3-00-007052-4

Ein herzliches Dankeschön

an jeden, der durch Kauf, Mund-zu-Mund-Propaganda und/oder in ähnlicher Weise **WIE GEREDD, SO GEBABBELT** unterstützt hat.

Besonderen Dank den Lektoren, Gerda, Gudrun, Ursel, Ernst, Henry, Joachim und Karl-Otto, die

WIE GEREDD, SO GEBABBELT
und
NOCH MEHR GEBABBEL

korrekturgelesen haben. Sie übernehmen somit ehrenamtlich die Verantwortung für eventuelle Schreibfehler in den beiden sprachwissenschaftlichen Forschungsarbeiten.

Ein weiteres Dankeschön geht an die USTINOV AGENDA FILM-PRODUCTION GMBH für die freundliche Genehmigung, den Text zu Karneval der Tiere von Sir Peter Ustinov in der „übersetzten Version" in diesem Buch verwenden zu dürfen.

Original:
Isch lach merr en Aschd unn seddz misch druff.

Übersetzung:
Ich erlächle mir ein Geäst und nehme anschließend
darauf Platz.

Bedeutung:
Kaum zu glauben.

VORWORT

Zu dem Buch **Wie geredd, so gebabbelt** meinten u.a.[1]:

Kurt Beck, *Ministerpräsident des Landes Rheinland-Pfalz*, am 9.9.1999: ... „Ich finde, es ist Ihnen erstaunlich gut gelungen, die schwierige Aufgabe zu meistern, das im Dialekt gesprochene Wort in Schriftform zu fassen. ..."

Rainer Brüderle, *ehemaliger Wirtschaftsminister von Rheinland-Pfalz*, am 27.8.1999: ... „Der Dialekt ist der eigentliche Reichtum einer Sprache. Nachdem ich Ihr Buch mit viel Freude und Schmunzeln gelesen habe, wünsche ich Ihnen weiterhin eine glückliche Hand beim Publizieren. ..."

Helmut Müller, *Ortsvorsteher von Worms-Leiselheim*, am 13.9.1999: ... „Insofern nochmals herzlichen Glückwunsch zu diesem gelungenen Büchlein und ich verbinde auch den Glückwunsch an Frau Heike Hubach, die es vorbildlich verstanden hat, mit Illustrationen das Geschriebene hervorzuheben. ..."

Sind diese Meinungen repräsentativ? Wer mag das beurteilen?

Die Verfasser haben sich auf jeden Fall zu einem Folgeband entschlossen.

Noch mehr Gebabbel?

Warum nicht?!

Worms, im Jahre 2000

---

(1) Siehe auch Pressespiegel am Ende des Buches

Inhaltsverzeichnis

1. Prolog eins

Die vorliegende humoristische Analyse unseres Dialektes anhand von Redewendungen und Sprichwörtern ist abermals nicht als ein rein komparativistisches[2] Werk zu sehen. Das wäre viel zu wenig! Die Analyse geht weiter als jegliche Komparativistik[3] dies tun könnte. Unser Dialekt ist nämlich sehr bildhaft. Dem wird hier Rechnung getragen. Und das verdient eine gesonderte Erwähnung.

Was sollte noch erwähnt werden? Na, klar, die Fortsetzung! Welche Fortsetzung? Die Fortsetzung von **Wie geredd, so bebabbelt** (braucht eigentlich nicht erwähnt zu werden; steht ja schon im Vorwort. Aber vielleicht wurde es überlesen).

Fortsetzung heißt allerdings auch in diesem Fall: es wird kein Anspruch auf Vollständigkeit erhoben.

Was ist schon vollständig heutzutage? Unser Dialekt bestimmt nicht! **Er lebt!** Und daher wird er immer wieder vervollständigt.

... und wird niemals vollständig sein können.

---

(2) Vergl. DUDEN BAND 5 · Fremdwörterbuch · (Komparativistik = Teilgebiet der Sprachwissenschaft, das sich mit der gegenüberstellend-vergleichenden Untersuchung von zwei od. mehreren Sprachen befasst)
(3) dto.

2. Prolog zwei

Die deutsche Sprache ist trotz Rechtschreibreform nicht einheitlich.

Es gibt Wörter, die in Österreich anders geschrieben werden als in Deutschland[4]. In der Schweiz gibt es nach wie vor kein „ß“. Vielfalt einer Sprache? Beileibe nicht! Das wäre geschmeichelt!

Wie sieht es denn mit den zahlreichen deutschen Dialekten aus? Vielfalt der Dialekte? Wir kommen der Sache näher!

Und was ist mit den rheinhessischen Dialekten? Da ist nichts geschmeichelt, sie sind vielfältig!

Und wie steht es mit dem Wormser Dialekt? Da gibt es zwei Hauptgruppen:

A-WORMSERISCH und
Ä-WORMSERISCH[5].

Dies läßt sich auf dem Schaubild in Kapitel 3. (nächste Seite) nachvollziehen.

Die vorliegende sprachwissenschaftliche Forschungsarbeit orientiert sich in aller Regel an der sprachethnischen Gruppe der A-Wormser.

----

(4) siehe auch „Wie geredd, so gebabbelt“, Seite 41, „Neue Schreibweise lt. Duden“
(5) siehe auch „Wie geredd, so gebabbelt“, Seite 26 ff, „Sprachgrenzen innerhalb der Stadt“

3. Kultureller Stammbaum[6]

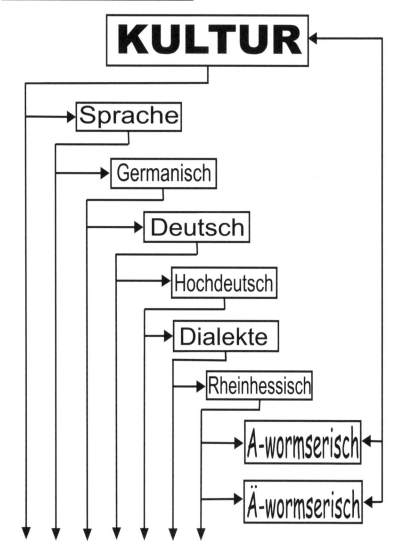

_____

(6) siehe „Wie geredd, so gebabbelt", Seite 75 f

4. Frage und Antwort

Nicht immer erhält man auf Fragen die gewünschten Antworten. In solchen Fällen wäre es durchaus besser, erst gar nicht zu fragen.

Original:
Wer lang frohchd, gehd lang ärr.
Übersetzung:
Wer lang Fragen stellt, wird lang irren.
Bedeutung:
Auf Fragen keine zufrieden stellenden Antworten erhalten.

5. Egal

„Das ist Jacke wie Hose" ist ein gängiger Begriff; mit dem gleichbedeutend ist folgende Redewendung:

Original:
Des is gehubbd wie gedubbd.
Übersetzung:
Das ist gehüpft wie getüpfelt.
Bedeutung:
Das ist egal.

6. Qualitätsbezeichnungen

Handelt es sich bei einer Ware, einem Produkt, einer Dienstleistung o.ä. um gute Qualität, werden in aller Regel nur kurze

Ausdrücke und keine Redewendungen verwendet.

Bezeichnungen wie **super** (super), **bombisch** (bombig), **schdark** (stark) oder **sau-schdark** (besonders stark) deuten auf etwas Gutes oder gar Hervorragendes hin.

Gibt die Qualität Anlass zu Beanstandungen, werden häufig keine kurzen Ausdrücke, sondern entsprechende Redewendungen benutzt. So wird dann zum Beispiel mit Pfeifentabak oder Hasenfutter - natürlich minderer Qualität - verglichen.

Original:
Des kannschde drugge in de Peif rache.
Übersetzung:
Dieses kann man ausgedörrt in der Pfeife rauchen.
Bedeutung:
Schlechte Qualität.

Original:
Des kannschde grien aaschdreische unn de Haase gewwe.
Kurz: Des kannschde de Haase gewwe.
Übersetzung:
Dieses kann man grün bepinseln und anschließend den Hasen verfüttern.
Bedeutung:
Das taugt nichts.

7. Qualitative Preisbeurteilung

In aller Regel wird der Endpreis einer Ware betrachtet. Setzt sich dieser aus verschiedenen Beträgen für verschiedene Produkte oder Dienstleistungen zusammen, stellt man gelegentlich fest, dass der Gesamtpreis überteuert ist. Irgendetwas ist demzufolge zu kostspielig. In einem solchen Fall sagt man:

Original:
Do is die Brie deirer wie die Brogge.
Übersetzung:
Der Preis der Flüssigkeit liegt deutlich über dem der festen Bestandteile.
Bedeutung:
Das Unwesentliche ist zu teuer.

Entspricht der Preis einer Ware oder Dienstleistung insgesamt nicht dem Wert bzw. dem zu erwartenden Nutzen, so wird dann behauptet:

Original:
Des is Sagg Bennels nedd werd.
Übersetzung:
Das ist den Bindfaden des Sackes nicht wert.
Bedeutung:
Das ist es nicht wert.
Auch:
Nicht aufregen.

Die soeben genannte Redewendung ist grammatikalisch eine Besonderheit. Obwohl es in unserem Dialekt (fast) keinen

Genitiv gibt[7], hat sich hier eine Art 2. Fall eingeschlichen. Gemeint ist nämlich, „des Bindfadens Sack" - eindeutig Genitiv! Korrekte Mundart wäre gewissermaßen **„em Bennel soin Sagg"**. Doch die leicht verstümmelte Genitivform spricht sich hier leichter bzw. flüssiger als die im Prinzip korrekte grammatikalische Mundartform des Dativs. Aus diesem Grund erlauben wir uns in diesem Fall auch mal einen Genitiv.

Ist ein Produkt oder eine Dienstleistung äußerst billig zu erhalten, wird dies verglichen mit Murmeln, Knöpfen, Äpfeln und/oder Eiern.

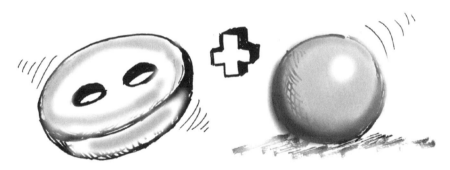

Original:
Des kriehsche ferr en Kligger unn en Knobb.
Übersetzung:
Dies kann man für eine Murmel und einen Knopf erhalten.
Bedeutung:
Sehr preisgünstig, fast kostenlos.

---

(7) siehe „Wie geredd, so gebabbelt", Seite 66. „Die (Nicht-)Verwendung des Genitivs"

Original:
Des kriehsche ferr en Abbel unn e Ei.
Übersetzung:
Dies kann man für einen Apfel und ein Ei erhalten.
Bedeutung:
Sehr preisgünstig, fast kostenlos.

8. Mundgeruch

In allen Supermärkten findet man Produkte, die Mundgeruch beheben sollen. Keines dieser Produkte wirbt damit, wie schlimm er sein kann.

Original:
Der schdingd aus em Maul wie e Puhlloch.
Übersetzung:
Die aus seinem Schlund austretenden Gerüche sind wie
die einer Jauchegrube.
Bedeutung:
Starker Mundgeruch.

Original:
Der schdingd aus em Hals wie en Penner
aus em Hosseladdz,
Übersetzung:
Er duftet aus dem Hals wie ein Pennbruder aus dem
Hosenlatz.
Bedeutung:
Starker Mundgeruch.

9. Beurteilung eines Geschenkes

In früheren Zeiten, als der Reitsport als Hobby noch nicht so
verbreitet war und Pferde hauptsächlich als Arbeitstiere dien-
ten, soll es durchaus mitunter vorgekommen sein, dass ein
Pferd verschenkt wurde. Da der Geschenkgeber sich in einem solchen Fall nicht lumpen lassen wollte, wurde natür-

lich ein Pferd ausgewählt, das einerseits gut aussah, andererseits nicht gerade das beste Pferd war. Anders ausgedrückt: es wurde ein altes Pferd, das noch relativ jung aussah, als Geschenk auserkoren. Feststellen konnte dies jedoch der Geschenknehmer, indem er sich das Gebiss des Pferdes anschaute. Dies gibt über das Alter des Pferdes genauere Auskunft als das optische Erscheinungsbild.

Den Wert eines Geschenkes so zu überprüfen, findet sich in folgendem Sprichwort wieder:

Original:
Em gschengde Gaul, guggd merr nedd ins Maul.
Übersetzung:
Einem geschenkten Pferd schaut man nicht in den Schlund.
Bedeutung:
Makel bei einem Geschenk ignorieren.

10. Bedachtes Vorgehen

Es ist eigentlich selbstverständlich, dass man bei seinem Handeln und Tun mitdenken soll. Doch auch bei uns in Rheinhessen kann es durchaus mal vorkommen, dass dies sträflich vernachlässigt wird.

Dann trifft ein derber Spruch den Nagel auf den Kopf:

Original:
Denke, nedd blos drigge beim Kagge.
Übersetzung:
Beim Stuhlgang sollte man nicht nur pressen, sondern auch überlegen.
Bedeutung:
Gut überlegen, bevor man in Aktion tritt.

Ähnlich deftig ist die Redewendung, wenn ein Versuch scheitert, mehre Dinge auf einmal durchführen zu wollen.

Original:
Graud hagge unn scheiße kann merr nedd zesamme.
Übersetzung:
Man kann nicht zur selben Zeit Kraut hacken und Stuhlgang haben.
Bedeutung:
Man kann mehrere Arbeitsgänge nicht gleichzeitig verrichten.

Aber auch hier bestätigen Ausnahmen die Regel. Ersetzt man „Kraut hacken" durch „Zeitung lesen", wird dies deutlich.

Bleiben wir jedoch noch bei dem Aspekt des bedachten Vorgehens. Da ist nämlich Gewalt meist nicht angesagt.

Original:
Midd Gewald hebbt merr e Gaas rumm.
Übersetzung:
Eine Ziege hebt man mit einer Wucht herum.
Bedeutung:
Nicht mit Gewalt vorgehen.

11. Die Beschleunigung der Langsamkeit

Wenn etwas nicht schnell genug oder alles in allem viel zu langsam voran geht, wird gern dieses „Tempo" mit einer ähnlichen Geschwindigkeit verglichen.

Man unterscheidet hier allerdings zum Beispiel zwischen „Wurst essen" und „Wurst sagen".

Original.
Bis der/die Worschd seschd, hawwen se die annre gesse.
Übersetzung:
Bis er/sie das Wort Wurst zu Ende gesprochen hat, haben die anderen selbige verspeist.
Bedeutung:
Sehr langsam.

Auch die Gemächlichkeit des Gehens kann hier verglichen werden. Hierbei wird unterstellt, dass ein solches „Schneckentempo" ein Schuhe Besohlen möglich macht.

Original:
Dehre/Dem kann merr beim Laafe die Schuh sohle.
Übersetzung:
Man ist in der Lage, dieser Person beim Marschieren das Schuhwerk zu erneuern.
Bedeutung:
Sehr langsam.

12. Von der Leibesfülle

Es gibt Vertreter des männlichen Geschlechts, die man nicht als Kavalier bezeichnen kann. Diese äußern sich gelegentlich abwertend bzw. rüpelhaft über die Körperform einer Vertreterin des weiblichen Geschlechts. Hierbei wählen sie bevorzugt Redewendungen. Je nach zu beurteilender Figur scheuen sie nicht vor Vergleichen mit Tieren oder Werkzeugen zurück.

Original:
Die hodd en Aasch wie en Brauereigaul.
Übersetzung:
Ihr Hinterteil ähnelt dem eines Brauereizugpferdes.
Bedeutung:
Sehr korpulent bzw. dick.

Original:
Die is so derr wie en Resche.
Übersetzung:
Sie ist so unbeleibt wie ein Rechen.
Bedeutung:
Spindeldürr.

Original:
Die is so derr, dass se e Gaas zwische de Herner kisse kennd.

Übersetzung:
Sie ist so mager, dass sie einer Ziege zwischen den Hörnern einen Kuss geben könnte.

Bedeutung:
Ausgemergelt.

13. Sommersprossen und rote Haare

Unsere „Toleranz" schreckt vor Derbheit oder Deftigkeit auf keinen Fall zurück. Dies gilt ganz besonders beim Beurteilen von Personen mit Sommersprossen.

Original:
Die/der hodd mimm Deiwel Scheißdregg geriehrt.
Übersetzung:
Diese Person hat schon einmal mit dem Teufel Fäkalien verquirlt.
Bedeutung:
Sommersprossen haben.

Personen mit roten Haaren kommen da vergleichsweise milder weg.

Original:
Die hodd e Kubberdach.
Übersetzung:
Diese Dame ist in Besitz eines Kupferdaches.
Bedeutung:
Rote Haare haben.

14. Unansehnlichkeit

Mangelt es einem Menschen an Schönheit oder ist dieser ungepflegt, so muss ein Vergleich mit einem entsprechendem Federvieh herhalten:

Original:
Der/Die siehd aus wie e gerobbd Hinkel.
Übersetzung:
Diese Person ist vergleichbar mit einer gerupften Henne.
Bedeutung:
Strubbelig, zerzaust.

15. Ansehnlichkeit

Ein stattlicher Busen oder lange Beine finden bei den Herren der Schöpfung eine besondere Beachtung. Bei der diesbezüglichen Beurteilung einer Dame wählt man allerdings andere Worte:

Original:
Die hodd Holz foamm Haus.
Übersetzung:
Sie ist vor dem Haus in Besitz von Holz.
Bedeutung:
Vollbusig.

Wer diese Redewendung kennt, sagt auch: "Die is e Förschdersdochder" (Sie ist die Tochter eines Försters).

Original:
Die hodd en hohe Wasserfall.
Übersetzung:
Sie besitzt einen hohen Wasserfall.
Bedeutung:
Langbeinig.

Wer diese Redewendung kennt, sagt auch: "Die is e Millersdochder" (Sie ist die Tochter eines Müllers).

16. Attraktivität

Es gibt Herren, die unterstellen beim Anblick einer reizvollen und bezaubernden Dame eine mentale Auswirkung auf ein eventuell vorhandenes Taschenmesser.

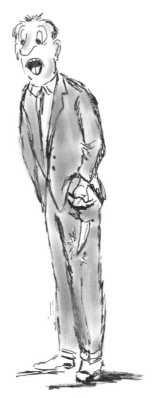

Original:
Bei der gehd aam ess Messer im Sagg uff.
Übersetzung:
Bei diesem Frauenzimmer öffnet sich das Taschenmesser in der Hose automatisch.
Bedeutung:
Äußerung eines Mannes über eine faszinierende Dame mit erotischer Ausstrahlung.

17. Liebeswerben

Damit das soeben angesprochene Taschenmesser seine Schärfe unter Beweis stellen kann, kommt es häufig vorab zu Aktionen, die wie folgt artikuliert werden:

Original:
Der balzdd wie en Auerhaan.
Übersetzung:
Er setzt sich in Szene wie ein verliebter Auerhahn.
Bedeutung:
Mit bestimmten Absichten aktiv um eine Dame bemüht sein.

18. Wildes Tanzen

Wenn jemand einen Tanz mit voller Inbrunst hinlegt oder
sein Schwofen mit ausgiebigen Gesten ausdrückt, lautet das
Urteil wie folgt:

Original:
Die/der danzdd wie en Lumbe am Schdegge.
Übersetzung:
Ihr/sein Tanzen ist vergleichbar mit dem eines Lappens
an einem Stock.
Bedeutung:
Wild tanzen.

19. Nettes Mädchen

Goldene Kröten gibt es nur im Märchen, eventuell auch noch beim Juwelier. Darüber hinaus gibt es allerdings noch solche als Begriff für ein anmutiges und sympathisches Mädchen.

Original:
Was e goldisch Grodd.
Übersetzung:
Was für eine entzückende Kröte.
Bedeutung:
Liebevolle Bezeichnung für ein nettes Mädchen.

20. Einbildung und Überheblichkeit

Für Arroganz, übertriebene Eitelkeit und Hochmut hat man in unserer Region wenig übrig. Daher können solche Eigenschaften bei uns nur mit den entsprechenden Worten artikuliert werden.

Original:
Merr kännd maane, die wär em Edelmann aus em Aasch gfalle.
Übersetzung:
Man könnte der Auffassung sein, sie wäre einem Edelmann aus dem Hinterteil herausgeglitten.
Bedeutung:
Sie leidet an Einbildung.

Original:
Die schdeld de Kobb wie en Schehsegaul.
Übersetzung:
Sie erhebt ihr Haupt wie das Zugpferd einer Kutsche.
Bedeutung:
Eingebildet sein.

Sind die soeben genannten Eigenschaften nur mäßig ausgeprägt bzw. werden sie nicht sonderlich negativ empfunden, gibt es noch die folgenden - fast wertfreien - Bemerkungen:

Original:
Die/der machd immer so de foine noi.
Übersetzung:
Sie/er agiert betont würdevoll.
Bedeutung:
Vornehm wirken wollen.

Original:
Von hinne sinn des Leidd.
Übersetzung:
Das sind Personen auf der Kehrseite.
Bedeutung:
Mehr scheinen als sein.

21. Geschwätzig oder distanziert

Erzählt jemand viel oder gar zu viel, so sagt man:

Original:
Der/Die dudd gern iwwer alles Fezehlscherrs halde.
Übersetzung:
Er/Sie mag es, sich über viele Dinge auszulassen.
Bedeutung:
Tratschen.

Ist das Gegenteil der Fall, so sagt man kurz:

Original:
Die/der iss korz aagebunne.
Übersetzung:
Diese Kreatur ist nur sehr kurz befestigt.
Bedeutung:
Wortkarg sein.

Ist eine Person sehr wortkarg und erwartet man von dieser Person gewisse Informationen, so trifft man folgende Feststellung[8]:

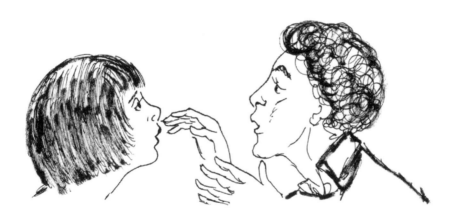

Original:
Dir muss merr jo jeden Buddze aus de Nas ziehe.
Übersetzung:
Bei Dir muss man jeglichen Popel aus dem Riechkolben herausholen.
Bedeutung:
Sei nicht so schweigsam, erzähl' etwas.

---

(8) siehe auch „Wie geredd, so gebabbelt", Seite 5

22. Vorsicht vor bestimmten Personen

Obwohl die Anzahl der Nichtraucher zunimmt, werden bestimmte Personen bei folgender Redewendung grundsätzlich zu Rauchern, auch wenn sie diesem Laster nicht frönen:

Original:
Die/der raachd kaan Gude.
Übersetzung:
Die von ihr/ihm verursachten Rauchwolken sind als nicht gut zu bezeichnen.
Bedeutung:
Sie/er ist mit Vorsicht zu genießen.

Die gleiche Bedeutung hat folgendes Sprichwort, bei dem lediglich die Rück- und Vorderseite verglichen wird.

Original:
Die/der is nedd hinne wie fornne.
Übersetzung:
Die Hinterseite dieser Person unterscheidet sich optisch von der Vorderseite.
Bedeutung:
Sie/er ist mit Vorsicht zu genießen.

Ist gegenüber einer extrovertierten Person eine Menge an Antipathie und Aversion vorhanden, kommt es zu folgender Gegenüberstellung:

Original:
Die/der is so uffdringlich wie e Aabeemigg.
Übersetzung:
Diese Person ist so penetrant wie eine sich in der Toilette befindende Fliege.
Bedeutung:
Lästige, unangenehme Person.

Hat eine Person etwas auf dem Kerbholz bzw. sind unseriöse Machenschaften von ihr bekannt, dann sagt man über diesen Menschen:

Original:
Die/der hodd Dregg am Schdegge.
Übersetzung:
Bei dieser Person befindet sich Schmutz am Knüppel.
Bedeutung:
Unseriöse und/oder kriminelle Person.

23. Alkoholiker

Nicht jeder, der trinkt, ist ein Alkoholiker. Alkoholiker, die nichts trinken, gibt es allerdings nicht.

Original:
Der hodd runde Fieß.
Übersetzung:
Seine Füße haben jeweils die Form eines Kreises.
Bedeutung:
Er ist betrunken.

Original:
Der hodd sisch de Gruddze abgsoffe.
Übersetzung:
Er hat sich die Gurgel ertrunken.
Bedeutung:
Er hat sich zu Tode getrunken.

24. Über das Gegenteil der Intelligenz

Es gibt keine neueren wissenschaftlichen Erkenntnisse über die Klugheit einer Futterrübe bzw. einer Dickwurzel. Bei uns gelten diese Pflanzen - ob zu Recht oder zu Unrecht - als dümmlich. Daher werden in dieser Beziehung ähnliche Personen mit einem solchen Gewächs verglichen.

Original:
Die/der is so dumm wie e Rieb.
Übersetzung:
Diese Person ist wie eine Dickwurzel mit Dummheit geschlagen.
Bedeutung:
Sehr dumm.

25. Nicht dusselig anstellen

Zeigt sich jemand bei der Verrichtung einer Aktion als dumm, bescheuert oder blöde, so kann es zwecks verbesserter Durchführung zu folgender Aufforderung kommen:

Original:
Mach kaa Färrz un bogg des Gääsje.
Übersetzung:
Pupse bitte nicht und habe eine Kopulation mit dieser kleinen Ziege.
Bedeutung:
Stell' dich nicht dusselig an.

26. Attacke

Auch innerhalb einer harmonischen zwischenmenschlichen Beziehung kann es durchaus zu Störungen kommen. Das freundschaftliche Verhältnis ist dann zerrüttet und es kann zu Entwicklung von Rachegelüsten kommen. Letztendlich wird in einem solchen Fall auf Fäkalien Bezug genommen, die jedoch noch weiterverarbeitet werden sollen.

Original:
Jedsd griehd se/er die Knoddle gereeschd.
Übersetzung:
Wir werden ihr/ihm nun ihr/sein Häuflein schmoren.
Bedeutung:
Jetzt zeigen wir's ihr/ihm.

Sinngemäß der gleiche Inhalt, jedoch vorwiegend für Kinder verwendet, kommt die folgende Redewendung auch ohne Exkremente aus:

Original:
Du grieschd de Kobb zwische die Ohre gschdeggd.
Übersetzung:
Man wird dir den Kopf zwischen Deine Ohren einsetzen.
Bedeutung:
Man wird es dir schon zeigen.

27. Das ist so oder das geht so nicht!

Ist etwas unabänderlich, so kommt häufig eine Redewendung mit einem Nagetier zum Einsatz.

Original:
Do beißd kaa Maus de Faden ab.
Übersetzung:
Keine Maus durchnagt hier die Schnur.
Bedeutung:
Das ist endgültig.

Beim Gegenteil hat man folgende Sprichwörter zur Auswahl:

Original:
Des kummd garnedd in die Dudd.
Übersetzung:
Ein solches sollte nicht in einen Beutel eingetütet wer-
den.
Bedeutung:
Auf keinen Fall!

Original:
Do hodd de Forrz e Egg.
Übersetzung:
An dieser Stelle ist die abgehende Blähung kantig.
Bedeutung:
So nicht!

Original:
Im Lewe lachd kaan Schoggelgaul.
Übersetzung:
Kein Schaukelpferd lacht während seines Lebens.
Bedeutung:
Niemals! Auf keinen Fall!

28. Das hohe Alter

Statistisch gesehen werden Menschen älter als Kühe. Insofern ist die folgende Aussage durchaus richtig:

Original:
So alt wärd kaa Kuh im Odewald.
Übersetzung:
Im Odenwald erreicht das Milchvieh nicht dieses hohe Alter.
Bedeutung:
Ziemlich alt, aber nicht uralt.

Ist das besagte Alter um etliche Jahre höher als das aus dem obigen Sprichwort, so wird unterstellt, dass der Rücken bereits mit Moos bewachsen sei.

Original:
Die/der hodd schunn Moos uff em Buggel.
Übersetzung:
Ihre/seine Rückenpartie ist bereits bemoost.
Bedeutung:
Sehr alt.

Geht es um die Fortbildung im mehr oder weniger hohen Alter, kommt man wieder auf eine Kuh zurück, die in diesem Fall nicht aus dem Odenwald sein muss.

Original:
Merr wärd ald wie e Kuh unn lernd immer noch dezu.
Übersetzung:
Man erreicht durchaus das Alter eines Milchviehs und bildet sich immer noch fort.
Bedeutung:
Man lernt nie aus.

29. Vom Schicksal

Vergleicht man das Los verschiedener Menschen und stellt fest, dass die Unterschiede in einem solchen Fall nicht sonderlich groß sind, dann sagt man:

Original:
Es gehd de Mensche wie de Leidd.
Übersetzung:
Es ergeht den Menschen wie der Bevölkerung.
Bedeutung:
Es geht dem einen so wie dem anderen.

Ist ein bestimmtes Schicksal - unabhängig von negativen oder positiven Auswirkungen - nicht zu ändern, so muss ein Vergleich aus dem analen Bereich herhalten.

Original:
Es is wie's is, en schebbe Aasch hodd en schebbe Schiss.
Übersetzung:
Es ist nun einmal eine Tatsache, dass ein schräges Gesäß auch eine schräge Darmausscheidung bewirkt.
Bedeutung:
So ist es nun einmal.

30. Ärgerliche Situation

Inhaltlich nahe verwandt - zumindest was das Vokabular be-
trifft - ist folgende Redewendung, mittels derer man sich über
ein Ärgernis äußert. Anders ausgedrückt: Es handelt sich
hierbei um einen Fluch der besonderen Art.

Original:
Do kennschde midd 10 Ärsch noischeisse.
Übersetzung:
In diese Situation könnte man mittels 10 Gesäßen Ex-
kremente hinein transferieren.
Bedeutung:
Fluch über eine ärgerliche Situation.

31. Armer Familienvater

Häufig beklagt ein durchaus zufriedener Familienvater, dass der Rest der Familie sehr viel Geld kostet. Über seine Kinder sagt er dann:

Original:
Moi Kinner fressen merr die Hohr fumm Kobb.
Übersetzung:
Mein Nachwuchs futtert mir mein Haarkleid von meinem Schädel.
Bedeutung:
Meine Kinder machen mich arm.

Denkt er an seine Gattin, so wird er sagen:

Original:
Was isch mimm Schubkarre haam bring, dreschd moi
Fraa mimm Schärzje widder naus.
Übersetzung:
Meine Gattin befördert mittels ihrer Schürze das hin-
weg, was ich mit dem Schubkarren nach Hause bringe.
Bedeutung:
Fleißiger Ehemann, ausgabefreudige Ehefrau.

Beklagt er ganz allgemein die Ausgabefreudigkeit - seine selbstverständlich ausgeschlossen - so wird er sagen:

Original:
Die dunn de Schbegg fekaafe, bevor die Sau gschlachd is.

Übersetzung:
Sie verkaufen den Speck, bevor das Schwein geschlachtet ist.

Bedeutung:
Gerne Geld ausgeben - falls nötig unter Inanspruchnahme eines Kredites.

Ist der besagte Gatte der Meinung, seiner besseren Hälfte ginge es durch ihn viel zu gut, so droht er schlechthin mit der Aussage:

Original:
Wann isch die Aache zumach, machd die se uff.
Übersetzung:
Sobald ich meine Augen schließen werde, wird meine Gattin die ihrigen öffnen.
Bedeutung:
Meine Frau wird sich noch wundern.

32. Fleißig und faul

Einen Brunnen zu säubern, ist eine schwere Arbeit. Deswegen werden fleißige Menschen mit dieser Tätigkeit verglichen.

Original:
Die schaffen wie die Brunnebuddzer.
Übersetzung:
Sie arbeiten wie die Reinigungskolonne für einen Brunnen.
Bedeutung:
Sehr fleißig.

Bei gegenteiliger Eigenschaft unterstellt man einen gewissen „Erfindergeist":

Original:
Die/der hodd die Aweidd nedd erfunne.
Übersetzung:
Von dieser Person wurde die Arbeit nicht erfunden.
Bedeutung:
Stinkfaul.

Solche „Erfindertypen" gelten schlechthin als arbeitsscheu. Daher sagt man auch über Vertreter aus diesem Personenkreis:

Original:
Die/der rennd sisch noi, wie e Gaas ins Messer.
Übersetzung:
Diese Person stürzt sich ans Werk wie eine Ziege, die in ein Messer läuft.
Bedeutung:
Ironische Äußerung über eine Person, die sich gerne vor der Arbeit drückt.

33. Verwirrt

Wirkt jemand verstört, konfus bzw. schlichtweg durcheinander, so geht man davon aus, dass diese Person sich neben der eigenen Kopfbedeckung befindet.

Original:
Die/der is ganz newwer de Kabb.
Übersetzung:
Diese Person befindet sich zur Gänze neben der Mütze.
Bedeutung:
Verwirrt sein.

34. David und Goliath

Ärgert sich ein etwas kleinwüchsiger Mensch über eine von der Körperlänge große Person, so entgegnet dieser:

Original:
Liewer klaa unn zaggisch wie groß und dabbisch.
Übersetzung:
Es ist besser klein und auf Zack zu sein als groß und tollpatschig.
Bedeutung:
Äußerung kleiner Menschen gegenüber größeren.

35. Arm und reich

Sofern jemand mittellos oder verarmt ist, wird dieser materielle Missstand häufig mit dem Hintern in Bezug gebracht - sei es, dass dieser staubt oder ohne Hemd ist.

Original:
Der is so arm, dass 'm 's Aaschloch schdaabd.
Übersetzung:
Seine Mittellosigkeit bewirkt sogar ein Stauben seines Gesäßes.
Bedeutung:
Sehr arm.

Original:
Der hodd kaa Hemd uff em Aasch.
Übersetzung:
Er besitzt auf seinem Allerwertesten kein Hemd.
Bedeutung:
Sehr arm.

Ist jemand schon vermögend, wird die materielle Situation nicht selten noch verbessert.

Original:
Wuh Daube sinn, fliehn Daube hie.
Übersetzung:
Tauben fliegen dort hin, wo sich bereits Tauben befin-
den.
Bedeutung:
Wo schon Reichtum herrscht, wird dieser durch weite-
ren Reichtum vermehrt.

Original:
De Deiwel scheißt immer uff de grehschde Haufe.
Übersetzung:
Der Teufel hinterläßt seine Fäkalien immer auf dem größten Fladen.
Bedeutung:
Wenn ein Reicher durch glückliche Umstände immer noch reicher wird.

Infolge zunehmendem Reichtum kann man sich letztlich auch immer mehr leisten. Ist jemand in einer solch günstigen Situation, sagt man über ihn:

Original:
Die/der kann gud Feddern flieh' losse.
Übersetzung:
Federn fliegen zu lassen ist für diese Person äußerst einfach.
Bedeutung:
Äußerung über eine finanziell gut gestellte Person, die sich (fast) alles erlauben kann.

Sofern man nicht möchte, dass sich das Vermögen eines sehr finanzkräftigen Dritten vermehren soll, muss - mit oder ohne Neidkomplexe - ein Vergleich mit einer wohlgenährten Gans herhalten.

Original:
Merr muss jo 're fedde Gans nedd de Aasch noch schmehre.

Übersetzung:
Es ist nicht von Nöten, einer fetten Gans das Gesäß einzureiben.

Bedeutung:
Man muss nicht unbedingt einen Reichen noch reicher machen.

36. Götz von Berlichingen

Das berühmte Zitat aus Götz von Berlichingen gibt es selbstverständlich auch in unserem Dialekt. Darüber hinaus gibt es noch zahlreiche Redewendungen[9], die das Gleiche ausdrücken, wenngleich mit ganz anderen Worten und inhaltlich weniger deftig. Nachfolgend ein solches, das aus dem Bereich der Schreinerei kommt:

Original:
Du kannschd merr mohl de Howwel ausbloose.
Übersetzung:
Du bist in der Lage, mir einmal den Hobel auszupusten
Bedeutung:
Du kannst mich mal!

---

(9) siehe auch „Wie geredd, so gebabbelt", Seite 23

37. Der unübliche Weg

Die Herkunft oder der Ursprung eines Sprichwortes ist mitunter sehr interessant - manchmal jedoch auch gänzlich unbekannt. Bekannt ist allerdings die Quelle der Redewendung von der Frau aus „Bensheim an der Bergstraße". Es kommt aus der Zeit des Dreißigjährigen Krieges, als schwedische und französische Soldaten Bensheim besetzt hatten. Bayrische Streitkräfte wollten die Stadt befreien. Dies ging jedoch nur mit der Hilfe einer Einheimischen, die den Bayern einen bestimmten Weg in die Stadt zeigte. Dieser Weg war den Besatzern entweder nicht bekannt oder sie hielten ihn für nicht begehbar. Die Wegleitung muss nützlich gewesen sein: Die Bayern obsiegten mit ihrer Befreiungsaktion!

Original:
Hinne rum, wie die Fraa fun Bennsem.
Übersetzung:
Hinten herum, genauso wie die Frau von Bensheim.
Bedeutung:
Einen geheimen bzw. unüblichen Weg gehen.

38. Übertreibung

Neigt jemand dazu, etwas aufzubauschen, zu dramatisieren, hochzuspielen oder dick aufzutragen, kurz zu übertreiben, so bietet sich zwangsläufig ein Vergleich an, bei dem etwas kleines zu etwas größerem umgearbeitet wird.

Original:
Die machd aus 're Migg en Elefand.
Übersetzung:
Diese Person verwandelt eine Fliege in einen Elefanten.
Bedeutung:
Übertreiben.

Original:
Der machd aus em Forrz en Dunnerschlag.
Übersetzung:
Diese Person ändert einen Verdauungswind in einen
Donnerknall.
Bedeutung:
Übertreiben.

Ist das Übertreiben mit Angeben bzw. Prahlen verbunden[10], wird unterstellt, dass man das, was man angibt zu haben, nur zu Hause hat.

Original:
Dehaam hawwen alle Buwe Gligger.
Übersetzung:
Zuhause sind alle Jungen in Besitz von Murmeln.
Bedeutung:
Prahlen, den Mund vollnehmen.

---

(10) siehe auch „Wie geredd, so gebabbelt", Seite 25

39. Sinnloser Unsinn

Eine gute Verdauung ist viel wert! Hierbei entstehen Gase, die zwangsläufig irgendwann einmal entweichen. Häufig sind sie letztendlich das Ergebnis bzw. die Folge eines guten Essens. Martin Luther[11] soll mal diesbezüglich gesagt haben: „Warum rülpset und furzet ihr nicht? Hat es euch nicht geschmacket?"

Demzufolge ist das Entweichen der besagten Gase weder sinnlos noch ist es Unsinn - im Gegensatz zu folgenden Sprichwörtern:

Original:
Des sinn Färrz in die Luft gschosse.
Übersetzung:
Das sind abgehende und in die Luft abgefeuerte Blähungen.
Bedeutung:
Sinnlos.

---

(11) siehe auch „Wie geredd, so gebabbelt", Seite 6

Original:
Des sinn Färrz midd Grigge.
Übersetzung:
Hierbei handelt es sich um Verdauungswinde mit Krück-
stöcken.
Bedeutung:
Unsinn.

40. Trocken

Als „trocken" bezeichnet man etwas, das nicht nass oder feucht ist. Bei Getränken, wie zum Beispiel Wein, gilt dieser Ausdruck als das Gegenteil von lieblich bzw. süß.

Interessanterweise gibt es in unserer Mundart eine Redewendung, die trocken ausgerechnet mit etwas vergleicht, das nicht immer zu 100% trocken ist:

Original:
So drugge wie en Forrz.
Kurzform:
forrzdrugge.
Übersetzung:
So ausgedörrt wie ein Verdauungswind.
Bedeutung:
Sehr trocken.

41. Guten Appetit

Dieser Ausdruck wird in aller Regel in der Kurzform verwendet. Statt **„en gude Abbedidd"** wünscht man zum Essen kurz und bündig: **„Gude"**.

Das gilt im Übrigen auch, wenn es um einfache Hausmannskost geht. Einem Leckermaul, das äußerst wählerisch bei der Wahl der Speisen ist, wird man eventuell entgegnen:

Original:
Was uff de Disch kummd, wärd gesse!
Übersetzung:
Es wird das verspeist, was auf dem Tisch serviert ist.
Bedeutung:
Das essen, was es gerade gibt.

Reagiert ein solches Leckermaul hierauf nicht, so kann eine verschärfte Form dieser Redewendung die Wahl der Speise auf eine etwas barsche Art erleichtern:

Original:
E guhdi Sau frisst alles.
Übersetzung:
Ein ausgezeichnetes Borstentier futtert jeglichen Fraß.
Bedeutung:
So ziemlich alles essen.

42. Große Pizza

Eine Pizza, die etwas überdimensioniert ist, vergleicht man mit etwas, das allerdings nicht essbar ist.

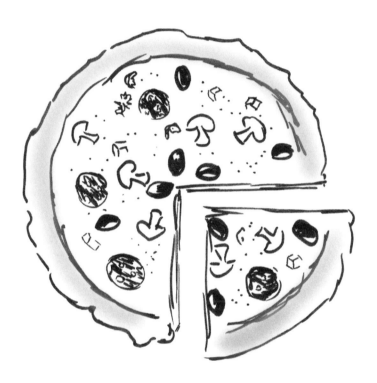

Original:
E Pizza wie en Aabeedeggel.
Übersetzung:
Eine Pizza mit dem Ausmaß eines Toilettendeckels.
Bedeutung:
Sehr große Pizza.

43. Potenz und Sexualleben

Die meisten Redewendungen zu diesem Bereich haben bei uns einen etwas ironischen Charakter. Das bedeutet jedoch nicht, dass wir das Sexualleben nicht ernst nehmen würden. Im Gegenteil. Wir nehmen es schon ernst. Auch bei uns werden die Kinder schon lange nicht mehr vom Klapperstorch gebracht. Die Fortpflanzung erfolgt bei uns auf die normale, traditionelle Art. Unsere Fortpflanzungsrate liegt übrigens etwa im Bundesdurchschnitt - nicht mehr, aber auch nicht weniger!

Natürlich weichen angesprochene Vergleiche je nach angesprochener Kraft und/oder Triebhaftigkeit erheblich voneinander ab. Ziegen, Böcke, Scheunen und sogar Gotteshäuser werden je nach dem als Bezugspunkte herangezogen.

Original:
Der hodd fer soi eichnie Gaas kaa Fudder.
Übersetzung:
Dieser Mann besitzt nicht genügend Futter für seine eigene Ziege.
Bedeutung:
Äußerung über einen Mann von minderer Potenz.

Original:
Je älder de Bogg, desssdo hädder es Horn.
Übersetzung:
Die Härte des Hornes nimmt mit dem Alter des Bockes
zu.
Bedeutung:
Ironische Äußerung über zunehmende Potenz bei Män-
nern.

Original:
In 're ald Kabell kann merr aa noch Kehrsch halde.
Übersetzung:
Es ist durchaus möglich, in einer alten Kapelle noch einen Gottesdienst abzuhalten.
Bedeutung:
Bissige Äußerung flegelhafter Männer über ältere Damen.

Original:
Ouwouwou, wann e aldi Scheier brennt!
Übersetzung:
Ohje, wenn eine alte Scheune in Brand geraten ist!
Bedeutung:
Weitere sarkastische Äußerung flegelhafter Männer
über ältere Damen.

Original:
Wann 's Dach brennd, is de Keller nass.

Übersetzung:
Der Keller ist durchnässt, sofern das Dach in Brand geraten ist.

Bedeutung:
Spitzzüngige Äußerung flegelhafter Männer über die
oben mit einer Scheune verglichenen Damen, jedoch unabhängig vom Alter.

44. Erledigt und bewältigt

Was vorbei ist, ist vorbei[12]. So ergeht es auch der Acker-krume hinter dem Pflug.

Original:
Was hinner 'm Plugg leidd, iss gezaggerd.
Übersetzung:
Die hinter dem Pflug befindliche Scholle ist als gepflügt zu bezeichnen.
Bedeutung:
Vorbei ist vorbei.

_____

(12) siehe auch „Wie geredd, so gebabbelt", Seite 77

Anhang: **"Karneval der Tiere"**
von SIR PETER USTINOV
in Wormser Mundart, d.h. „uff platt"

Die Musik zu „Karneval der Tiere" (Carneval des animaux) wurde von dem Franzosen Camille Saint-Saëns (1835-1921) im Jahre 1886 komponiert. Natürlich hatte dieser große Komponist sich hierbei nicht träumen lassen, dass es über ein Jahrhundert später zu seinem Werk auch noch einen Text in Wormser Mundart geben würde.

Dieser Text liegt nun vor! Nicht ganz einfach! Kein Text für Anfänger ohne Vorkenntnisse dieser Mundart, aber auf jeden Fall lesenswert. Geht vielleicht ein Wort nicht flüssig über die Lippen, so ist es empfehlenswert, das Wort nochmals, evtl. mehrmals, zu lesen - am besten laut. Der Erfolg stellt sich dann automatisch ein.

Erleichtert wird diese sprachlich anspruchsvolle Aufgabe natürlich durch das Abspielen der entsprechenden Original-Musik von Saint-Saëns - quasi als begleitende Maßnahme.

So wird klassische Musik in Verbindung mit Wormser Mundart zu einem kulturellen Ereignis höchster Güte!

Vorschlag: Legen Sie eine Kassette oder eine CD mit dieser herrlichen klassischen Musik ein, drücken Sie den Startknopf und beginnen Sie anschließend mit der nachfolgenden Lektüre.

Viel Erfolg!

" De Diere ihr Fassnacht"
En Dah im Dschungel-Lewe

1. DIE LEHWE

Lehwe, so seschdd merr, sinn die Kehnische fumm Dschungel. Awwer Kehnische gibdd's in alle Grehse unn Forme. Es gibdd tabbfre Kehnische unn schdarge Kehnische, schwache Kehnische unn schoofle Kehnische. Unn abgseddzde Kehnische.

Bei de Lehwe is dess nedd annerschd. Die eigendlisch Krafdd, die wuh hinner dene schdehe dudd, sinn die Lehwinne, die Kehnischinne, die Prinzessinne, die Schdammes-Midder. Unn wann se alt werrn unn nix mehr außer ihre Würde bleibdd, kummen se, die Lehwe, uff die Weid zum Grase, allahns unn voller Melankolie - je noh dem, wie großziehschisch die Weibscher midd 'ne fefahre dunn.

Awwer die Realidähd is nedd alles. Lehwe unn Lewinne dunn ganz genau wisse, dass ihr aisri Erscheinung ess Entscheidende is, unn wann die Schderblische erschd emol glawen, ess hanneld sisch um Kehnische und Kehnischinne, dudd dene en Triumpfzuch zuschdehe. Alles klar?

Weil se am liebschde nachdds esse dunn, schdiermen se glei bei de Morrsche-Dämmrung wie haam-kummende Nachd-Bummler zerigg - ohne Riggsischd ze nemme uff die, wuh noch schloofe dunn.

2. HINKEL UNN GECKEL

Die Hinkel, besonders awwer die Geckel, sinn wiedend uff die Lehwe, weil die so fresch sinn, an ihre Schdell mojenns die Weld ze wegge unn Angschd unn Vewirrung bei alle schdiffden, die wuh dorrsch ihrn Ruf uffwache dunn.

„Warum dunn Ihr die Lehwe nedd emol in de Senkel schdelle?" schennen die Hinkel.

„Gell, Ihr wolld uns los werre! Odder?" jammern die Geckel.

„Die sinn felleischd fenninfdischer wie merr glawe dunn", mahnen dodruff hie die Hinkel.

„Dess kummd druff aa, wieffel Hunger die hawwen", bebbern die Geckel zerigg, „naa, naa, dess is e Uhgereschdischkeid, midd der merr lewe missen, dess haasd, wann merr am Lewe bleiwe wolln."

3. DIE WILDE GEIL

Jeddzdd dudd sisch allmählisch die Hidds fumm Daa bemergbar mache. Die Lehwe leien noh ihre näschdlische Jachd im Diefschloof. Awwer die wilde Geil sinn hellwach unn dunn im Kreis galobbiere. Uffgerehschd hawwen se sisch, weil's im Dschungel kaa Kaubois gewwe dudd, die se hochschleidern unn aus em Saddel werfe kennen, um dann uff 'ne rummzedramble unn se ze dehmiedische.

4. DIE SCHILDGREHD

Die Middags-Sunn dudd uhhaamlisch runnerbrenne unn zwingdd alle Diere, e Middags-Schläfsche ze halde. Nur die Schildgred hodd sisch in de kiehle Schadde funn ihrm Panzer zerigggezoh unn dudd iwwer die sisch langsam ännernde Weld medidiere. Weil se funn alle Diere am elldschde is, dudd se sisch noch gud an die Beseddzung funn Paris funn de Preuse im Johr 1870 erinnere, ja sogar noch an die Enthaubbdung fumm Luddwisch XVI. Do war se noch ganz jung. Awwer inzwische hodd se Frankreisch fellosse unn hodd noh 're Reis, die wuh e ferrddel Johrhunnerdd gedauerd hodd, endlisch de Dschungel erreischd. Do dudd se noh de Tumulde funn de franzesische Polidigg e bissje Ruh unn Friede finne.

5. DE ELEFAND

Aa de Elefand dudd die Middagshiddz ferr sisch nuddze unn schbried sisch midd soim Rissel kielendes Nass uff die schbrehd Haudd. Der kann aa sehr ald werre, ohne ebbes zu feggesse - ganz egal, ob es sisch um nuddslose Informaddsjone odder um Telefon-Nummern hanneldd, die wuh schunn längschd uhgildisch sinn.

Dess is die Laschdd funn dem Wisse - kwasi ess Indernedd funn de Naddur - die wuh enn so schwerfellisch machdd, unn dodezu kummdd noch die midd soiner bedingungslose Zufelässischkeid febunnene Uhanehmlischkeid. Dass er soi absoluddes Gedäschniss nedd fer Kwiss-Schous im Fernseh nuddse kann, dudd en draurisch mache. Awwer was hädd er aa schunn funn 're Weschmaschin odder 're Reis noh Tahiddi fer zwaa Leidd - do im Dschungel?

6. KÄNGURUHS

Während die Mussigg e klaa Niggersche machdd, dunn die zwaa Klawiere die addledisch Perfektsjon funn 're Grubb Känguruhs unnerschdreische. Es hanneld sisch um ausdralische Ausdausch-Schdudente, die en weide Weg gehobbeld sinn, um in „Gseddse fumm Dschungel" ihrn Doggder ze mache.

7. DIE BEWOHNER FUMM MEER

De Bewohner fumm Meer kann die Hidds funn de Sunn nix
aahawwe. Die dunn unner de Owwerflesch funn ihrm kiele
Nassbiotob endlose Kreise ziehe unn bringen so e bissje Faab
in de dähschlich Trodd fumm Dschungel. Ihr Seegras dunn
se genieße unn in de porehse Staa funn de Felse dunn se
Unnerschlubf finne, während sisch uff ihre Gsischder die
schregglisch Uhgewissheid funn de Zukunfd spieschle dudd.

8. DE ESEL

Aa wann die schlimmschd Hidds febbei iss - em Gsischds-Ausdrugg fumm Esel dudd merr dess beschdimmdd nedd aasehe. Midd soine feschloofene Aache, de Wimbern funn 're Diwa unn 'me gelegendlische Schwanz-Wedle als aansischi Bewehschung is err bis zur Peinlischkeid Sinn-bild ferr Geduld unn relischjehsi Dehmut. Unn aa wann soi Seel sauber iss, soin Gsang klingdd doch wie en Schbodd iwwer soi erhabeni Gfielsweld.

9. DE KUGGUGG

Wann's langsam ohwennd wärd, dudd im tiefe Wald em Kuggugg soin Ruf halle. Kaan annere Laud is ze hehre, weil de Kuggugg de annere Aagehehrische funn de Dier-Weld, die wuh hardd schaffe dunn unn ebbes uff sisch halden, nix Gudes bedeide dudd.

Warum? Ei, weil de Kuggugg drodds seiner uhschuldisch klingende Schdimm faul unn uhehrlisch is. Nie dudd er selbschd e Neschdd baue. Der dudd sisch bei de annerre als Unner-Mieder oinischde, fegissdd awwer immer ze zahle. Soi Bodschaffd funn 're heidre Gelassenheid is nix als en ieble Bluff.

10. DIE GLIEH-WÄMMSCHERR

De Dschungel is funn Dunggelheid umgewwe. De Kuggugg hodd soi Neschd felosse unn sisch e neies gsuchdd, während de Eischetiemer grad nedd do war. Irgendwuh in die Dunggelheid dunn die Lehwe, erfrischd funn de Owend-Bris, uff ihr Obbfer lauern, während die Lehwinne midd ihre Junge uff's Nachdesse waade dunn. Doch draus uff de Lischdung sinn nur die wilde Freude-Schbring funn de Glieh-Wämmscherr ze sehe, die wuh die Szenerie midd 'm Abglanz fumm e febbreschlische, awwer begierdefolle Lewe erhelle dunn. Immerhie is dene ihr Lewenserwardung so klaa, dass jeder Momendd bis zur Neische ausgekoschd wärre muss.

11. DIE PIANISCHDE

Was um alles in de Weld dunn die Pianischde do mache?
Gudi Frooch! Die Mussigg ferr den Aalass konndd merr
dorrsch großziegische Schbende funn alle Diere - außer 'm
Kuggugg - finanziere, die Klawiere ewefalls. Awwer im
Fedraach, den wuh en Babbegei, der frieher em Aawald war,
uffgseddsdd hodd, is feschdgehalde, dass zwaa Klawier-
Schdimmer noh Biro-Schluss im Dschungel febbei kummen,
um die Saide-Schbannung ze iwwerbriefe.

Jeddsdd is es noh Biro-Schluss, unn die Klawier-Schdimmer
dunn zeische, was se kennen. Unner uns: Kenner mahnen,
dass die 's noch weid bringe dunn.

12. DIE FOSSILJE

Middernachd - dess is die Zeid funn de Geschbensderr unn Fossilje unn annerre Urahne. Die kummen an ihr alde Lieblings-Blädds uff die Lischdung fumm Dschungel zerigg unn dunn de Lehwe, die wuh se gfresse hamm, en Aaschiss gewwe, dunn die Elefande endzigge, die wuh noch funn jedem die Name kennen, unn alle mehglische Gfiehle in de Schildgred herforrufe, die sisch noch an faschdd alle erinnern dudd, als se noch unner de Lehwende weilden.

'S Gfiehl, wuh sisch Knoche an Knoche reiwe dunn, dudd en gewisse Mangel an menschlischer Wärme uff jeden Fall ausgleische.

13. DE SCHWAN

Middernachd is lang febbei unn es wärd schunn langsam hell. En weiße Schwan - majesdädisch in soine uherdräglische Arroganz - dudd midd 're Eleganz funn 're ehrwürdische Ballerina iwwer die Wasserowwerflesch gleide, ohne irgend e Geroisch ze mache. Bis zum Schluss hodd er gewaade, um soi Kunschd zur Schau ze schdelle, denn er dudd sisch ferr die Haubdd-Addraggddsjon halde. Außerdem hodd er en ausgezeischnedde Dschellisdd dezu gebrochdd, nur ferr ihn ze schbiele, weil er 's Gerischdd in die Weld gseddsdd hodd, dass er bald schderwe dehd. Dess is nadierlisch Kwatsch. Der hodd noch e ganzi Meng Abschiedsszene im Petto.

14. FINALE

Glei wann die allererschde Schbuhre funn de Morsche-Dämmrung de Himmel zard midd Lischd behauche dunn, schdimmen alle Diere e gemeinsames Finale aa. Ganz vorne wegg nadierlisch die Hinkel unn Geckel, die ganz schaaf druff sinn, em Marsch funn de Lehwe zuforzekumme, die glei in 10 Minudde widder an de Rei sinn. Habb isch gsaat alle Diere? All bis uff zwa. De Schwahn, uhschderblisch feliebt in soi Schbischel-Bild uff em Wasser, bis er irgend-wann emol dann Lebwohl sah muss. Wer noch? De Kuggugg (Kukuuu, Kukuuu).

PRESSESPIEGEL

Das Wichtigste aus der lokalen Presse im Jahr 1999

Gebabbel gedruckt

Humoristische Analyse der Wormser Mundart

... In 19 Kapiteln hat der Autor typische Phänomene heraus-
gegriffen, darunter die Unterscheidung der „ää-Wormser"
von den „aa-Wormsern". Er stellt dabei fest, beides sei richtig wormserisch und die Stadt beweise große Sprachtoleranz,
weil es wegen der Frage, was denn davon richtig sei, noch
nie zu ethnischen Konflikten gekommen sei. .....

.....Schön ist vor allem, dass Keil auch neudeutsche Worte
in der Mundart wieder findet und phonetisch einheimst:
Biedels, Giggabaid, Kombjuder, Peetsee etc. Sprechen Sie's
mal leise vor sich hin, dann werden Sie's schon verstehen.
.....

.....Man kann sich vorstellen, dass Hartmut Keil nach dem
Erscheinen seines kleinen, handlichen und geschenk-
tauglichen Buches jetzt viele neue Anregungen zugerufen,
zugeschickt und zugeworfen „kriegt", „bekommt", „erhält"
(oder was?), die er ja dann zu einem Folgeband verarbeiten
kann.

WORMSER ZEITUNG 18.9.1999

Hagens Schatz

Mundart: Wie geredd, so gebabbelt

Nicht den Nibelungenschatz, den Sprachschatz der Region präsentiert Hagen auf seinem Schild. Und er schaut nicht grimmig, sondern verschmitzt drein und will ihn auch gar nicht in den Rhein versenken, im Gegenteil: er möchte ihn bekannt machen in Worms und dem Wonnegau, wo der rheinhessische Dialekt lebendig ist. Der lustige Hagen, im Hintergrund Rheinbrücke mit Nibelungenturm, Dom und weiteren markanten Bauwerken, ziert den neuen Mundartband „Wie geredd, so gebabbelt." .....

....Zerbrechen sich manche Mundartdichter den Kopf darüber, wie denn der Dialekt zu schreiben sei, so sagt Hartmut Keil ganz einfach: „Es wärd so geschriwwe, wie merr's babbelt." .....

.....Das Derbe, Deftige und deshalb oft besonders Treffende kommt in seiner Mundartuntersuchung zum Tragen. .....

....Das muntere Bändchen erfreut auch manchen Politiker aus der Region. Rainer Brüderle lobte das Werk, denn der Dialekt sei „der eigentliche Reichtum einer Sprache." .....

NIBELUNGEN KURIER 2.10.1999

Wie geredd, so gebabbelt

Sprachwissenschaftliche Forschungsarbeit

Hartmut Keil betrachtet in seinem ersten Buch vor allem die Sprache, den rheinhessischen Dialekt, wie er in und um seine Heimatstadt Worms gesprochen wird. Er analysiert mit seinem trockenen Humor, untersucht den Kontext, deckt allerlei an liebenswert Ironischem auf. Hartmut Keil bringt seine Leser zum Schmunzeln. Wörter, Begriffe, die alltäglich gesprochen werden, erfahren durch seine treffsicheren Übersetzungen ins Hochdeutsche und die dazu erforderlichen Erläuterungen ein neues Bewusstsein. .....

.....Hartmut Keil nimmt alles und jeden auf die Schippe. Er geht in seinem 80-seitigen Band auf die Grammatik, die Sprachhistorie und Entwicklung ein, eröffnet dem Leser die Zusammenhänge zwischen dem Duden und Worms, sowie den Sprachgrenzen innerhalb der Stadt. .....

.....Hierbei hat es die Dipl. Grafik-Designerin Heike Hubach vorbildlich verstanden, mit ihren treffsicheren Illustrationen das Geschriebene hervorzuheben. Sie war es auch, die, so der Autor, einst zu dem Buch die Anregung gegeben hatte. Als Hartmut Keil einmal einige regionale Redewendungen in seiner originellen Art ins Hochdeutsche übersetzte, schlug Heike Hubach vor: "Schreiben Sie doch mal ein Buch, ich mach' dann die Illustrationen hierzu!" Das war eigentlich die Geburtsstunde zu dem nun vorliegenden "Standardwerk für Sprachkenner und Sprachunkundige" ....

Alle llustrationen aus diesem Buch....

sind in streng limitierter Auflage erhältlich.

Wahlweise in Format A4 und A3.

Nummeriert.

Persönlich handsigniert von Heike Hubach.

Anfragen per eMail unter

Heike-Hubach@t-online.de

oder unter

01711481488